La toile ajourée

La toile ajourée

Recueil de textes poétiques

Nana OYONO

Copyright © 2021 – Nana OYONO
ISBN : 9798465623643
D/2021/Nana OYONO, éditeur
Tous droits réservés dans tous pays
Impression à la demande
Dépôt légal : septembre 2021

Merci à Vous,
Invisibles et Visibles,
Merci pour ma main dans la vôtre.

Sommaire

J'ai ajouré ta toile	11
Comptons les étoiles	12
M'ouvrir à moi	13
Je suis	14
Tout sans Toi	16
La mélancolie	18
La famille bafouée	19
Qui a dit	21
Trouver l'Amour	22
Tu es en retard	24
Où vont tes yeux	26
Les luttes	27
L'inaccessible paysage	28
On s'est frôlés	29
Partir	31
Je prie	33
Ma recherche	35
La joie de l'Amour	37
La dérive des sentiments	38
L'éclaircie déchue	39
Pour les monstres d'Afrique	41
Tu n'y peux rien	43
Le manque de tes mots	44
Front de mer	45
Aujourd'hui	46
La force du lien	48
Le salut	49
Le quotidien	50
Eau de vie, larme de vie	51

Face à la mer	52
Ses mains	54
L'artiste torturé	55
Les mots oubliés	58
Le renouveau	60
La neige	61
Marcher seule	62
La sensibilité	64
Le deuil	65
L'arbre sacré	67
Avant nous	68
Je voudrais	70
Douleur !	72
Qui	74
L'instant présent	76
Oser m'aimer	77

J'ai ajouré ta toile

J'ai ajouré ta toile
    Pour ouvrir ton chemin
    Loin des obscures griffes
    Que tes yeux dévoilent

J'ai ajouré ta toile
    Et souffler dans ton dos
    Pour qu'à ailes déployées
    Tu puisses toucher le ciel

J'ai ajouré ta toile
    Et retirer les coins sombres
    Pour qu'entre la lumière
    Des faisceaux de couleurs chaudes

J'ai ajouré ta toile
    Pour couvrir tes enclumes
    Accompagner ta mélancolie
    Hors des mailles vieillies

J'ai ajouré ta toile
    Et ôter tes marteaux
    Là où vit la vague tristesse
    Pour peindre des coquelicots

Comptons les étoiles

Comptons les étoiles
    Elles éclairent nos voies
    Comme ceux qui nous aiment
    Toujours présents dans nos cœurs

Comptons les étoiles
    Leurs lueurs sur nos abîmes
    Colorient les leurres qui se ressemblent
    Et les demains qui en demandent plus

Comptons les étoiles
    Celles qui ont fui l'obscure
    Nos bouées de sauvegarde
    Lorsque la nuit se fait longue

Comptons les étoiles
    Avant qu'elles ne s'éteignent
    D'avoir usé leurs lumières
    Pour un univers combat

Comptons les étoiles
    D'un seul cœur et d'un seul chant
    Le triomphe de l'amour en comptine
    En attendant que soit le jour

M'ouvrir à moi

À la blessure de tes sous missions
Tes mains absentées à l'aurore de ma vie
Forgent l'école de mes espérances
Mon âme entre voit les vannes de ma liberté
Et suscite les lois de l'illimité
La source divine agit
Elle recueille mes perles d'eau comme le Manteau
Notre Dame
Lorsqu'il pleut des cendres de désunion
Je suis invitée à descendre du toit
Pour que soit l'explosion originelle
Étancher ma solitude agitatrice
En m'ouvrant à mon émoi à mon cœur apprivoisé

Je suis

Je suis le déluge qui lave les viscérales certitudes
Je suis le souffle qui déshabille les cœurs emmurés
Je suis les questions qui demeurent dans ton sillage
Je suis la brise qui caresse ta peau dans l'inattendu
    Et moi, sur ton esprit égaré dans cette exquise folie
Je suis l'énigme qui enveloppe ton âme
    Et le désir permanent non assouvi d'être là
Je suis l'absence qui construit tes nuits
    Et les cris qui comprennent tes ainsi soit-il
Je suis l'unité qui reçois tes incertitudes
    Et le ciment de l'amour inconditionnel
    Et la cheffe d'un pouvoir incertain
Je suis la complice qui défais l'antan
    Et l'écran qui cache les mots du futur
Je suis la lumière qui allume l'espoir du meilleur
Au milieu de tes tendres émotions
    Et l'abattement qui caractérise l'imminente fin
    Et les attentes inavouées
    Et l'attirance déchirante du papillon pour le soleil
Je suis la brindille qui attise la passion
    Et la rivière insolente qui éteint l'ardeur
Je suis l'orée de la raison
    Et la démesure dans la luxure
    Et l'exquis exil

Je suis la cicatrice invisible
    Et le déchirement des choix
Je suis l'interdis qui garde pure
Je suis la blessure de la vie
    Et le goût suave de l'inachevé

Tout sans Toi

Décharger le surplus comme ce coquillage,
Ode pure et nue comme un galet,
Perdue dans le tourbillon des plaisirs,
Grisée par les voies ouvertes,
Tous ces mots qui sortent de moi et qui parlent
    de Toi,
Priant jusqu'à pas d'heure pour que Tout perdure,
À jamais et sans éclaboussures
Si j'avais Tout sans Toi, alors, j'aurais peu.
Entre ombre et lumière,
La fascination portée par l'Amour,
Le manque, l'absence sans souffrance
Murmurer ce que tu crois et peut-être tenter
    de l'écrire,
Toutes ces espérances qui œuvrent pour tes desseins,
Relire, et puis sourire et parfois goûter le flot
    des larmes,
Contempler le ciel et s'approprier une étoile,
Si j'avais Tout sans Toi, alors, tu me manquerais.
Goûter cette chaleur en fermant les yeux,
Effacer l'émotion de t'être oublier,
Rien ne sera jamais fini,
Chercher le nous au fond de soi,
Tous ces dons qui te parlent sont les tiens,

Nous sommes invisibles et dans Tout,
Nos ailes sont prêtes pour le bonheur,
Si j'avais Tout sans Toi, alors, je m'oublierais.
Perdre le moi pour mieux te trouver
Leçon d'Amour et de Toi,
Moi, fractionnée et rassemblée par ton encre,
Imposer le chant à la joie dans tes veines,
Tout cet attachement qui élève vers la lumière,
Je me suis trouvée en Toi,
Nous sommes mêlés pour ce passage,
Renoncement programmé mais inutile,
Si j'avais Tout sans Toi, alors, je ne serais qu'une partie de moi.
Offrir la chaleur en pensées,
Rappel des souches de l'Amour vrai,
Le moi et le Toi qui ont appris à ne plus rien exiger,
Rêver d'un nouveau rêve, d'un Nouveau Monde
Moi, assise en bordure des nuages,
Comète voguant vers ce qui est
Encadrée dans sa course par une surprenante lanterne
Le ciel répond oui à notre supplique
Si j'avais Tout sans Toi, alors, je ne serais qu'une moitié de Toi.

La mélancolie

S'arrêter aux rivages de la mélancolie
Un cœur gronde de doux leurres
Le parfum de colère enfouie
Qui ne s'ouvre qu'aux larmes lors des discrètes pluies
N'être que soupirs pour l'inassouvi
Et se complaire de n'avoir osé naître
Aux douces senteurs qu'apportent les temps gracieux

La famille bafouée

Mère crédit d'effrois
Que valent tes lèvres peintes attachées à tes vies
    aux lances
Naître dans le clan des timoniers ne me suffit pas
Mes vies sont déca danse et douleurs six lances
Les temps sombres des heures qui s'amènent nuisent
    lentement
Avec tes sous rires glacés hors de tes badigoinces
Encerclées
Ton tatouage de lèvres rouges transperce mon
    couvre-chef
Comme des lueurs d'Amours qui accourent à mon
    secours
Nos mercredis sont cons sacrés aux jeux mord l'âme
Plus tôt hors de la scolaire Église
Plus tôt dans la famille aux cris lacérations
Et dans mes bras serrés au cœur mourant
Mes impuissantes peluches doudous barrières pleurent
J'échangerai mon goûter sang contre des lèvres sans
    maquillage
Pour quelques représentations sur mes joues immatures
La houlette moue mes patrimoines et ceux de mon
    frangin
Et les cris abrègent nos rêveries voyages

Qui aurions-nous pu Être ?
Sans être ces restes d'effrois marqués au fer
Mon corps abandonne ma silhouette enfant
Avec des crédits refoulés
Et des douleurs en trop sur mes chairs
Il s'abonne au rouge blizzard
Avec mon seul visage allumé par la divine grâce,
Mais le Dieu des affligés existe
Il habite des fenêtres illuminées dans mon fraternel regard

Qui a dit

Qui a dit que l'amour ne meurt jamais
    Au rythme des saisons
    Comme le printemps qui redonne vie aux pastelles
    Et la nature qui repart de plus belle
    Moi j'ai mal à mes larmes
    Comme un bail de fin de mois
    Trop de gens à aimer
    Et des mains laissées au caveau

Qui a parlé d'un amour unique
    Dans le brouillard qu'est la vie
    Cœurs des bâtisses et des illusions
    Comme les cris du bois vert
    Moi j'ai la voix des Hommes fragiles
    Avec des « je t'aime » en sourdine
    Un style téméraire
    Dans une boîte pourtant pleine d'issues

Qui a dit que l'amour en fin
    Construit des pierres poreuses
    Un autre ciment que la rose des sables
    Des murs et paix liés au temps
    Des gestes rares rient cime
    Moi je jette au loin mes rencontres d'âmes
    Sur la déroute des convictions anciennes

Trouver l'Amour

Trouver l'amour au coin d'une rue
    Dans un geste d'indifférence
    Alors que l'autre parle d'amour éther
    Dans un café sans alcool
    Lorsque tout mène à des sueurs brûlantes
    Pour des temps qui s'effacent pour l'autre
    Quand les heures se jouent des corps

Chercher l'amour dans un moment de doutes
    La brise légère sur la nuque
    Comme une main égarée simplement
    Trouver l'amour dans des yeux éteints
    Malgré l'effroi de l'enfant perdu
    Lorsque les étoiles sont exigeantes
    Trouver l'amour dans les nuages gris

Trouver l'amour dans les mots qui blessent
    Dans cet être qu'on ne reconnaît plus
    Sur des gestes oubliés
    Et l'effort sans conséquences
    Parler d'amour encore et toujours
    Pour conjurer le sort scellé
    Devant une tasse refroidit

Trouver l'amour derrière une page cornée
    Une rose destinée
    L'amour de celui qui arrive
    Alors que l'espoir s'est envolé
    L'amour dans un poème ancien
    Et dans les mots pudiques
    Pour masquer les joies impudiques

Cultiver l'Amour d'abondance
    Comme on jette une bouteille à la mer
    L'Amour du noyé
    Qui n'attend qu'un signe
    Et met son Tout dans l'Amour sacré
    Le grand Amour ressuscité
    Celui qui en secret dort dans nos cœurs

Trouver le véritable Amour
    Au crépuscule de l'amour
    Celui qui est Messi
    Et qui dévaste nos croyances
    L'Amour dans tout l'art d'Aimer
    L'Amour sans répit
    L'Amour qui nous rend à la vie

Tu es en retard

Tu es en retard
   Avec ton amour qui arrive trop tard
   Avec moi et mon carnet
   Et mes notes pour toujours

Tu arrives trop tard
   Sur les quais de mes voyages
   Les routes des mots qui me comblent
   Et mes valises serrées
   À la lisière d'un chapitre neuf

Trop tard pour embrasser mes ailes
Pour voir déborder mes crues
En retard devant mes messages
Qui tombent dans tes espaces vidés de moi
Pour retenir mes folles envies
Les idées que je ne vivrai plus
   Coincée entre tes exigences et mes fuites en avant
Et les temps de mes doléances

En retard avec tes cas d'eau
   Comme mes larmes de tes trop vaillances

Juste trop tard
   Avec ta patience tardive et tes besoins de rend contre

Trop tard
    Pour mes desseins trépassés
    Dans de vaines luttes de ma jeunesse

Où vont tes yeux

Où vont tes yeux à découverts
    Quelques bribes à l'extérieur
    Et mes porte-voix en sourdine
    Quelques larmes évaporées
    Par le vent qui passe par là

Où vont tes yeux rieurs
    Comme ce fœtus en moi
    Libre des souffles expressifs
    Et de mes réserves
    Des gouttelettes de pluie fraîches
    Comme mes mains qui peinent à se réchauffer

Où vont tes yeux d'amour
    Ils me mettent à nu
    Dans mon monde numérique
    Où mes mots cherchent des moufles
    Tes carences aiguisent mes sens
    Et tes regards billets d'affirmation
    Me rendent à mon être réel

Les luttes

Les luttes intestines ouvrent nos sommeils
Car des fous gèrent l'essor rouge écarlate
Dans tous les sens allant à nos cœurs mourant
Imposant des élans sang plénitude
Leurs mains d'épines chassent
Sa douce main
Celle qui nous tient malgré le choix de nos talents vaincus

L'inaccessible paysage

Sur la route des éclipses
Marcher vers soi
À la recherche des bonnes heures
Les pensées offertes aux lassos de l'oubli
Et des bagages en fers visibles en miroir
La besace ample plie de duvets hivernaux
Plumes des armées face aux jours des claires-voies
La bonne nature s'évertue pour tant à force de vent
Le ballet des échappées fait de blanches colombes
Le pays âge turbulence tient le trop fait du vainqueur
Face aux survivances rendus poids plume
Comme la mer qui échoue inlassable et ment
Et offre en partage des héritages indélébiles
Les vagues à lames sous un toit bleu lait

On s'est frôlés

On s'est frôlés dans l'uni vers
    J'étais épuisé
    Le soleil éteint et la lune disparue
    Le sommeil en lambeau et mes vitres cassées
    J'étais à cours d'éclairs
    D'avoir des abus de souvenirs
    Un être irréel dans un quotidien d'esprits
    Dieu se faisait rare à mes prières de félicités
    Les monstres sertis sous mes paupières
    Des diamants amoureux des puits sans fonds

On s'est frôlés un jour de printemps
    Et je t'ai dit, cours plus vite que tu ne peux
    Dérisoires mon soleil sans lune
    Je peux m'allumer si tu veilles
    Mes mues sont rares et douloureuses
    Je suis une solitaire écorchée vive
    Mes os sont absents et mes chairs travaillent
    Pour que jamais ne se montre mon émoi
    Prends soin de toi précieuse chose
    Loin des facéties de l'univers rassembleur

On s'est frôlés dans cette douleur
    Tu as essayé en bravoures de monts
    Renonce car je ne peux recevoir le présent
    Trop de remords pour ressentir l'ivresse de la joie
    Rien ne m'apaise et tes dons non plus
    Va loin de moi pour que j'absolve cent peines
    J'ai faim d'amour et de recoins sombres
    Sors de mes cachettes cordiales
    Le temps passé me laisse fidèle
    À mes secrets d'homme cassé cent fois mort

On s'est frôlés à un carrefour
    Grand de quelques années
    Nos routes se séparent ici-bas
    Mes décisions sont faites de tes choix
    Je reste fidèle à ta voix
    Tes pois d'étoiles sous mon ciel semblable
    Je vais trouver ailleurs mes os et les proies
    Des procès dans trop d'espèces
    Ma main qui trouve peut-être la mienne
    Grandie de ces années de poids vivants

Partir

Partir dans le silence d'une rencontre
    Entrevoir le quotidien rituel
    Le souffle des chagrins
    La buée au-devant des murailles joies

Partir dans les bois cliniques
    La boue collée aux cœurs lourds
    Le poids des mots non assouvis
    L'effort devant des buts mentaux

Partir où veulent bien les pensées
    Sourire machinalement au passant qui part
    Le poids du sac léger sur le dos
    Et les poings serrés dans les poches

Partir pour lire en soi
    Des dossiers épars pillés par nos larmes
    Faire le tri et les choix d'outils
    Et apprendre des poussières qui s'inscrivent sur les listes

Partir dans des trains de vitesse
    En face d'un visage qui s'efface
    Le regard rivé à l'intérieur
    Et les rivages sur le quai de l'absence

Partir pour se trouver
    Dans l'Histoire nourricière du futur
    Vers cet ailleurs qui retentit en écho
    Des lieux et des pierres signés du mot armature

Partir pour emporter avec soi
    Cette autre vie qui trépasse
    L'espace des Amours purs
    Là où tout est confit dans Ciel

Je prie

Je prie pour le rien
    Pour ce qui s'évapore
    Tout ce qui disparaît
    Le temps avec ses bonnes heures
    Les cent ans et la chaleur
    Mais que ferais-je des années en trop ?
    Des trophées de corps décharnés

Je prie pour le risque
    Du ciel bleu la nuit
    Des averses de fleurs
    Et des effluves en trop
    Les beautés éternelles
    Mais que vaut le bonheur sans l'éphémère ?
    Des joies sans jointures de sang

Je prie pour des voies âges
    Des contrées nouvelles
    Des pays âges reconnus
    Les fleurs à mes pieds
    Et les églises ouvertes
    Mais qui impose les images sans les distances ?
    Du temps père dû

Je prie pour imprimer le temps
    Les baptêmes de la nature
    La magie de l'instant
    Et le renouveau permanent
    L'impavide étang dû
    Et les lendemains à déloger

Je prie pour les beautés dans le sombre
    Mais qui serais-je sans mes prières ?

Ma recherche

Mes gelées décristallisent dans tes épis en feu
Sous un soleil centré venu de cyprès
Je cherche les crépitements de la rosée sous mes
    pieds nus
Et le balancement gracieux des hautes branches
Ces bruits caractéristiques me racontent ce que je suis
Les voix d'Afrique à portée de mes errances
Ta chaleur s'imprègne de mes larmes de reconnaissance
À celui qui a rassemblé mon être autour de Ses mains
À ces branches qui m'ont déposée de l'autre côté du
    miroir
Un jour anniversaire où mes fureurs se sont
    dispersées
Je voyage en emportant ceux du passé
Comme des ventilateurs à plein régime sur mes mots
    tombeaux
Je suis Un a ni mal sans y voir
Mes défenses imprimées dans mes écharpes
Et tes mots dans mes plumes

Le rouge et le noir et le blanc puisés en salaire
Dans mes yeux et dans mes mains et dans Son cœur
La fille pendue à la vie que je suis
Et les vapeurs encore lointaines de mon être à venir

La joie de l'Amour

Sème, sème, sème
  Des aigrettes à tout vent

Sème, sème, sème
  Jusqu'à perdre haleine

Sème, sème, sème
  Pour des sols ensoleillés

Sème, sème, sème
  Pour le futur renouveau

Sème, sème, aime
  Pour des regards émerveillés

Sème, aime, aime
  Pour le rire des enfants

Aime, aime, aime
  Pour que tout s'anime dans la joie de l'Amour

La dérive des sentiments

Dans l'abri sans toi de ma demeure
Aucun espoir n'endort le froid qui m'étreint
Et dans la couche réchauffée par tes fausses ardeurs
Mon corps se languit de tes gestes en veille
Ouvrant le chemin vers ma solitude
Mes sentiers à l'orée du bois sont sans issues
La boue sous mon poids reconnaît mes confidences
Mes mots posés dans mes mains gantées
Sont effleurés en caresse sur ton sein nu
Et mes encouragements aux racines de tes vivaces
S'activent en vain pour des arômes inconnus
Je souffle jusqu'au bout pour voir s'animer tes feuilles d'or
Et mes efforts te transforment en poussières de feux
Je voudrais voir éclore ton nom au bout de mes lèvres
Mais le silence chagrin est mon écho
Mort d'avoir vécu tes vagues
J'envie l'oasis des taupes en fête
Là où survit ta douceur
Et lorsque pointe la verve du jour
Je commande à mon corps pour te servir encore

L'éclaircie déchue

Fils du peuple élu
Ton âme mi-close t'écroule gaspe pilleur de tes claires heures
Le son de tes graines soufflées dans les vents me rend sourde
Démunie
Éparpille tes pissenlits de joies
Des années dans tes mains en cœur
Ne font qu'un tour de manège
Cultive ta peine de froid
Ton cœur ensevelit
Récolte ta peine d'effroi
Ton dévouement las bas en aile scellée
Vivre Ses morts c'est vivre pour elle
Le ciel éclaire pourtant si tu veilles tes vides
L'éclaircie baffe où est ton choix
Mon âme mi lame sombre
Tes coteaux acérés sont contre tes espoirs
Ils aiguisent tes goûts de limes
Pour tes gorges pleines d'acidité
Des douleurs waterproof
Ressens tire contre ton futur éclairci

Il ne t'impose pourtant aucune flagellation
Et ton âme mi lumière
Ne perçoit que des ânes nés
Pour un tour supplémentaire de manège

Pour les monstres d'Afrique

Ma plaie saigne
Mon Afrique d'eau carbure
Mon havre est exposé aux dictats heures
Et nous mourons au champ de bataille
Avec des mots contre des hommes sourds
Des roitelets imposant des unions et pseudo rois
Ces Avocats des ordres loin d'être mûrs
Posent des canons pleins sur nos tempes fracassées
    d'avance
Ils promettent des guerres fratricides en exemple
Et près des eaux riches de ma cité
S'entassent les poubelles de mon histoire
Des dérègleurs heures de rêves
Et des cœurs appareils
Pourtant des fils d'Afrique aussi
Pseudo rois !
Puissiez-vous entendre les supplices des vôtres
Et les cris de mes papiers froissés sous mes genoux
    égratignés
Un jour peut-être
Qu'il vous soit rendu la vue
Et vous verrez
Le sang d'une routine rugueuse de turbulences dans
    vos mains asséchées

Vos passages qui effacent nos racines dans les terres noires chaudes
Terres de ratures rouges sur mes papiers repassés
Condamnés à des veines cicatrices
De celles qui font saigner nos arbres fétiches
Fils ancêtre !
Ton goût du pouvoir à tous les prix
Est la dette à payer d'une terre des ordres
Qui capitule face à des chefs s'imposant immortels
Et dans les rigoles sans fonds des bidons villes
Que d'avenirs désabusés !
Le quotidien versatile des tiens dans un espace clos
Nos patries prisons ne sont que sang et discordes
Et toi qui n'as d'yeux que pour ton pas laid
Guerriers de la décadence
Écoute la clameur de ta compatriote
Celle qui grouille dans les bidonvilles
Et moi je récite en boucle les prédictions des griots
Pour oublier la terre de mes ailes taillées

Tu n'y peux rien

Mon espace aux lents demains
Toutes mes nuits animées de semences d'oseilles
Tout ce qui creuse mes sillons
Et dans mes routes
Le ballet des moutons blancs insatisfaits
Et le chant du champagne en rivière
Les bulles lourdes qui collent à ma gorge
Et les vapeurs d'eau-de-vie en desseins des dessins
    de nuages ballons
Où les mots inscrits sont « tue, nie, peux, rien »
Tuer le temps dans un camp catalogue
Nier ma solitude au cœur bouillon
Pouvoir vivre dans cet autre être que moi
Et puis, Rien
Rien que penser
À ma demoiselle ôte ailes
Au triomphe de l'ivraie dans mon champ
Et à ma main sur son épaule non consentante
Juste penser à la moisson des ivres vrais

Le manque de tes mots

Le manque de tes mots est mon aurore
J'y retrouve la naissance du jour
Ton silence est mon zénith
J'y vois des chemins aplanis
Ton tombeau est mon crépuscule
Avec dans mes mains toutes celles de mes images amies
Mes images dans l'air
Et mon humanité rapprochée

Front de mer

J'avais traversé la mer
Et j'étais à peine libre
Entre les hauteurs mouvantes aux formes bossues et barbues
Entre les hautes heures de la mer et le balancement des barques
Elle était sans attaches
La mère
Je flottais
Comme mes pensées dépouillées d'épuisement
Comme les cerfs-volants encore plus libres que moi malgré le fil aux mains des Hommes
Je n'étais plus la seule à penser que la mer froide de l'enfance pouvait réchauffer des pieds nus
J'avançais
Mon regard sur les oisillons mouettes m'ôtait les douleurs du Raynaud
J'observais les vagues se colorer fortuitement de la couleur chaude de ma terre
La main lame agissait
Du sang rouge dans ces eaux à l'à venir espoir
Les couleurs du soleil
Le reflet des dunes barbues de sable brun
Et des âmes condamnées à la hauteur des cerfs-volants

Aujourd'hui

Aujourd'hui je renonce aux amarres
    En quête de déserts et loin de mes avides semblables
    Je reviens à mes alliés d'antan
    Ceux qui écoutent sans préjudice

Aujourd'hui je quitte le beau monde
    Celui qui me partage et me dénature
    Je valide pour un voyage imaginaire
    Dans l'espace qui m'épargne de la foule oppressante

Aujourd'hui je suis l'arbre et le bois
    Ces anciens qui m'accueillent et me portent
    Je m'accommode de leurs chablis
    Ils sont résistants aux poids de mes silences

Aujourd'hui je suis la pluie et mes larmes
    Armes amères et gouttelettes de joies
    Ces eaux qui cheminent vers la mère
    Accueillant en son sein les débris de mes désespérances

Aujourd'hui je suis le nuage ballotté par le vent
    J'offre mon visage à la désinfection purifiante
    L'air caresse mes douleurs
    Et les laisse à nu sans les rendre béantes

Aujourd'hui je suis le colibri qui crie et celui qui chante
    Les parodies d'un songe inachevé
    Impuissante devant mes envols ratés
    Je m'exile dans mon nid duveteux

Aujourd'hui je quitte mes mœurs
    Lieux de vaines luttes et d'un incisif passé
    Pour un voyage dans l'ivresse que m'offre la dimension parallèle
    Le pays où l'Amour est loi

La force du lien

Plus fort que le quotidien
Plus fort que la dispute
Au-dessus de l'adulte terre
Plus fort que les actions en chairs et pensées
Plus fort dans l'inconfort
L'unique lien
Celui qui reste à jamais le lien
Le meilleur de l'acceptation
La résilience

Le salut

Et que voici le fil de laine
Enfin !
Au-dessus de l'exigence, laisse
Je porte un ample vêtement
Trop cher payé le manteau de synthèse
Difforme pour ma frêle monture
Je tire d'un trait son fil unique
Avec la force de ma foi
Je détricote les attaches du passé
Et la vierge pelote nouvellement reconstituée exige
    le meilleur
Et que vive le Divin crochet !
Il tisse la vie
Autour du moi allégé
J'endosse le manteau de l'Amour
Lui aussi est lourd d'exigence
Et pourtant
Il me sied à merveille

Le quotidien

Dans le plein cratère des inconsolables que nous sommes
Que de vaguelettes dans le lac de nos espoirs
Puissions-nous un jour
Ravir la barque de l'interdit
Et prendre notre espace de tempête
Descendre dans une tumultueuse mer
Pour une épopée vers notre inaccessible voyage
Légende à l'idyllique épilogue
Tu es à nous ce qu'est l'insondable futur
Puisque déjà notre histoire s'écrit à l'imparfait
Il n'y a que des eaux dormantes devant nos vierges envies
L'immatériel pourtant transpire dans nos rêves
Et lorsque des secondes nous sont fortuitement offertes
Elles s'accélèrent abrogeant nos émois
Et hors de nos murs mentaux
Nous voguons inlassablement vers des talus accessibles
En oubliant de toucher la courbe de l'horizon

Eau de vie, larme de vie

Avant de grossir mes puits
    Eau de ma source
Parle-moi de ta pluie
Des gouttelettes sur ma toiture
En tuile pour mes sons sourds
En tôle pour mes inaudibles cacophonies
Coule comme mes fragilités
Et métamorphose mes étangs déshumanisés
En des lacs de soleil couchant
    Larme de vie
Tes fraîcheurs me sont libératrices
Tu sillonnes vers mes voyages passions
Moi qui ne rêve que de tonnerres
Et des cascades déchaînées
Pour réveiller mes fleuves en berne
Tu me dessines un arc-en-ciel de paix
Et les rivières brillantes sur mes joues
Qui naissent dans la vallée de mes monts en feu
Signent ma capitulation
Mes torrents grondent désormais
Dans une douce musicalité
Pour qu'à jamais mes puits ne soient qu'eaux de source

Face à la mer

Face à la mer
Seule dans la nuit sombre
Je vois s'animer la surface de l'eau
D'une lueur de paix qui aplatit mes vagues
Alors que le vent froid siffle une musique d'éternité
Mes peurs face à cette immensité
S'engloutissent dans les flots lumineusement agités
Je prie devant cette église ouverte aux tempêtes
    sombres des cœurs
Le vent du mental lui a arraché son clocher organique
Et le chant silencieux des eaux s'impose comme un
    appel à la sérénité
Comme elle reste belle !
La mère nourricière
Dans les froids du nord et le petit jour
Elle adopte la couleur du soleil qui s'éveille
La marée basse cultive ses beautés éternelles en
    sublimant ses fonds abyssaux montagneux
Et mes roches se fracassent sous son écume blanche
    doucereuse
Mer des enfants du monde
Déracinée par des mains qui sont tiennes
Mer de toutes les lumières
Tu reprends ta place

Comme au commencement
Tu célèbres la vie à la fin des sombres desseins de tes mômes

Ses mains

Ses mains œuvrent sous d'autres cieux
Elles se sont lassées de ma couverture marron chaude
Envolées pour un autre corps voyage
Elles m'ont ôté ma florissante lumière
La lune éclaire désormais l'ostensoir de mes
    éternelles complaintes
Ma voix est flétrie par le manque de son doux souffle
Elle ne sait plus que critiquer avec des mots d'amour
    ensevelis
Je n'entends plus la musique des sirènes
Puisque le vent ne rapporte plus le son de sa voix
Je ne peux voir que mon ombre
Qui ne reflète pas son regard sur ma peau
Qu'il m'offre une serpette acérée de ses choix
Pour détacher mon écorce exempte de ses mains
Mon cœur peine à battre dans l'onguent de la guérison
Car c'est par ses seules mains que recommencerait
    ma joie
Qu'il ment terre !
Vivante, peu m'importe
Je veux y croire encore
Morte, c'est encore mieux
Car je me suis libérée de la foi
Quand ses mains à mon corps défendant
Ont déserté ma peau décolorée

L'artiste torturé

Amour muse à la couronne d'épines
Emprisonné dans un linceul de couleurs
Mort de n'avoir pu s'aimer
Que de tristesses façonnées dans des mains douées
Lassées de peindre un cœur mourant
La folie abat tous tes désirs
Est-elle le prix à payer pour ta mort délivrance

Enfant modèle aux yeux rêveurs de simplicité
Adulte exceptionnel enseveli dans l'idéal des sens
La perfection fidèle à tes passions vives
Et tes bravoures chaînes sont acceptées sans bravos audibles
Ton timide art exprime ton désir inaudible
Toi, le faiseur de rêves
La vie t'oublie trop souvent

Ta bouche n'ose dire,
Elle n'ose embrasser
Que la chaleur des pinceaux et le goût des pigments
Des tonnes d'indécences l'ont scellé à jamais
Ton tombeau est plein d'autres chants d'oiseaux
Qui n'expriment ni ta voix et ta voie
Et ton âme dans les cyprès
Côtoie pourtant de si près ton essence ciel

Que de luttes perdues d'avance
Que t'ont-elles dit, ces voix vengeresses
Et les sons de l'orgue trop puissants sont sans fins
Pour que l'amputation organique s'impose pour ta
    pseudo liberté
Les couleurs ont déserté tes iris pour la toile
Elles ne reflètent que tes passions inépuisables

Adulte émacié par des suceuses de sang
Éméché dans des vapeurs d'eau-de-vie
L'eden est éphémère et ton ombre plus épaisse que
    ton être
Et l'enfer est continuel
Et l'enfermement plus encore
Et que s'étiole ton pavillon d'artiste
Il aurait fallu la solution méconnue de tous
Pour que le pansement ne soit pas que recommencement

Mais rien ne fleurit dans une âme en froid
Pas avant d'avoir éteint le feu de faim
Et le printemps en fleurs n'offre point des couleurs
    à tes pensées
Et ton éternité n'est hantée que d'artistiques perfections
Ta chair fragile encaisse les coups de ta volonté
Ou peut-être les vindictes des voix qui imposent
    à tes volontés
Mets-toi au monde dans un autre monde
Afin de connaître la félicité

Et que voici ton visage noueux en autoportrait
Bouleversant d'imprudences
Dans l'expression la plus limpide de tes douleurs
Le choix fatal ne se cache tellement plus
L'amour charnel ne suffira pas
Et l'Amour fraternel encore moins
Tu es le pendu à moitié asphyxié
Avec une moitié de souffle de vie
Condamné à la partie souffrance de la vie
Et la terre s'ouvre béante pour t'accueillir

Aucune tempérance ne s'enracine en toi
Et violent sera ton départ d'affranchi
Car n'être que pour eux est ton principal semis
Et naître à toi est ton profond déni
Aucune de tes jeunes pousses n'a la tendreté du
　　nouveau-né
Et lorsque derrière tes paupières closes
Dans un champ d'abondance aux couleurs des blés
Se dessinent les osselets aux sourires permanents
Tu sombres bien loin de la couleur soleil de ton
　　tournesol

Les mots oubliés

Peut-être qu'il ne les trouvera pas
Les mots indélébiles oubliés dans mes livres
Mes lettres d'amour
Il ne les lira pas
Mes combats contre l'Amour aussi
Il ne le saura pas
Mes cahiers d'écrits
Mes cahiers de lois
Mes épilogues
Il les offrira
    Pour faire de la place
Et mes livres iront à l'armée du salut
Avec mes mots et mes lettres
Et les clés sans code resteront dans le tiroir
    des poussières
Et le meuble sera donné aussi
Et les clés avec le tiroir
Et mes idées inachevées offertes
    Pour faire de la place
Pour changer de décor
Peut-être iront-ils dans les mains d'un passionné
    de mots
J'espère leurs suites dans un esprit éveillé
Dépouillé de bien

Et riche de ces poèmes de moi
Et de ces bois que j'aimais tant
De cette encre noire et bleue et parfois rouge sang
De ces pages vides aussi
Et mes ratures
Et ces trois points de suspension
Et parfois mes indécisions
Il héritera de mon passé et de mes doutes et de mes
    joies sereines
Codés dans les tiroirs informatisés
Et de mes cahiers et de mes livres
Et de mes luttes pour l'Amour aussi
Ce passionné prendra sa place dans ma vie
Et il pourra connaître cette fille née au 20e siècle
Cette fille hivernale et remplie du soleil fait d'ailes
    conjointes
Cette fille qui criait dans les mots qu'il aurait fallu
    Aimer plus et mieux

Le renouveau

J'ai vu de vaines larmes enchantées
Exigées en réclame de l'Amour
Et les vents mordants et vivaces des conteurs de fables
Transformant des hommages en dommages
Mes portes closes aux huissiers
Ne cèdent point aux jeux de l'enfer me ment
Aujourd'hui, j'archive les promesses du brouillard
J'ouvre les pages de l'inaccessible
En renonçant aux tergiverses des liens exigeants
Je cueille le fruit de ma félicité
Pour moi à jamais destinée
Mes mécènes sont incarnés dans le Tout
Et que déchois les mornes galanteries
Hors de la dimension où m'attend ma vérité
De ce passé trop sage
Je délasse les lacets
Et j'ose enlacer mes muses non sages
Dévoilées entre les lignes des livres sacrés
J'ose le « NON » qui m'ouvre les portes de mon renouveau

La neige

Il pleut des morceaux de nuages
Et les confettis lactescents cherchent un nid
Et que vivent les souches vivifiantes du sapin !
Pour de verdoyants feuillages
Les épines se font douceurs pour le coton neigeux
Et le jardin se pare d'une immaculée candeur
Dans la splendeur hivernale
Tout est silence et douce harmonie
Pourtant, dame neige chante la chaleur dans le froid
Celle qui réchauffe les cœurs en joie
Et les branches dansent avec dans leurs bras lourds
Les flocons qui reflètent la lumière du rire des enfants

Marcher seule

Marcher seule
    Avec le son de la source
    Le frisson sur la peau
    Et la foi dans le dépassement

Marcher seule
    Ma main effleurant la tienne
    À la rencontre du mieux en moi
    Et de l'espoir qui marque mes pas

Marcher seule
    Jusqu'au bout de mes fragilités
    Et découvrir leurs agilités
    Sur un manteau blanc fondant
    Au creux de ma rouge terre

Marcher seule
    Dans les temps éphémères
    Et les vides comblés
    Par mon soleil époux

Marcher toute seule
    Les giboulées dans le dos
    Les grêlons en l'air
    Leurs poids envolés
    Et mon regard sur l'instant

La sensibilité

Heureux sois-tu !
Toi qu'un rien trouble
Ta force est dans ta sensibilité
Et ton ombre sur mon âme reconnaissante
Apaise mes doutes
Tes prières sont accrochées à mes pas
Et au crépuscule de ma vie
Je voudrais tant ta main dans la mienne
Nos sillons adoucis auront été les voies de nos servitudes
Tu me raconteras les choix des paillassons heureux sous des maraudeurs fardeaux
Tu me diras que lorsque les étoiles s'éteignent à ton regard
Et que s'en va en caisse ton cœur fragile
La foi en des lendemains meilleurs toujours s'impose
Pour que ton sourire soit à jamais le reflet de ta lumière

Le deuil

Les fleurs des jours heureux
Autour de la fraîche terre
Mouillée de pluie et de larmes
Et les murs qui me cimentent de l'intérieur
Invisible aux yeux des indifférents
Tintamarre et sornettes musicales
Qui de nous peut accompagner le défunt ?
Je ferme mon cœur à l'inévitable instant
Mon présent est en deuil
Il est venu le temps des adieux

La sobriété du cercueil solitaire
Que vaut la beauté du beau bois
Lisse comme les joues du renouveau
Couleur acajou pour l'éternité
Sombre et rouge comme cette inconnue demeure
Dans ta terre et sous mes pieds
Entends-tu le cri de ma mémoire ?
Derrière ces parpaings infranchissables
La faucheuse est forcément reine

Sous la transparence vitrée
Le corps sommeille à jamais
Des feuilles et branchages de couleur brune
Comme l'exigent les traditions de la forêt
Le soleil se joue de la pluie
L'eau-de-vie rince les souvenirs
L'eau bénie construit l'avenir
Et la terre qui se tasse
Comble la vie qui trépasse

L'arbre sacré

Tu es le socle de mon renouveau
Rêvant dans l'aurore naissante
Une rencontre de gravas assemblés pour que perdure l'Humanité
Et tu m'as été offert
Ta main m'a ramené à moi
« De ta connaissance à ma renaissance »
J'ai construit ma cathédrale de bois et de pierres
J'ai matérialisé mes amis aux lettres patronymes sans visages
Tu m'as offert la nature gravée de son nom
L'arbre vivant siège en mon sein
Son assise façonnée par tes mains m'offre un espace de quiétude qui me transporte dans ma forêt sacrée
Je m'exile dans cet univers qui transpire mes vérités et ta véritable identité
Ton arbre est mien
Tes pierres sont miennes
Ils me communiquent leur éternelle chaleur
Tu m'as offert un supplément d'Amour
Là où mes joies sont plus fortes que mes chagrins

Avant nous

Bien avant nous
    La vie nous a rassemblés
    Autour du feu sacré
    Et dans les glaces de la déchirure

Bien avant nous
    Toi avant moi dans ton pays de glace
    Moi quelques années plus tard
    Dans les terres chaudes de toutes les convoitises

Bien avant nous
    Je ne les ai pas vécus
    Ces rejets de ta tendre enfance
    Celles qui ont en délices tes joies actuelles

Bien avant nous
    Loin de mon enfance invisible
    Tu n'as rien pu faire
    Face à mes blessures d'indifférences

Bien avant nous
    Sur tes bancs de bois
    Je n'ai pu soutenir
    Ta soif de savoirs

Bien avant nous
    Dans ma tendre jeunesse
    Et les contrées de mes joies
    Tu n'as pas pu accompagner mon extrême solitude

Bien avant nous
    Ton âme en berne
    Prisonnier dans un bloc de pierre
    Je tenais des cailloux arrachés à ta montagne

Bien avant nous
    Mes vives couleurs dans ton ciel en gris
    La promesse de mon gouffre
    Une douleur en coup de poignard

Bien avant nous
    Le poète racontait un récit
    Un Fils démuni devant la laideur des Hommes
    Prédisant une délivrance nommée Amour

Bien avant nous
    Invisible à nos regards
    La délivrance nous a été offerte
    Comme une bouteille contenant des lettres dans la mer

Je voudrais

Je voudrais le pouvoir d'une fée
    Pour faire vivre Dieu dans le cœur des hommes
    Dévier de ta route les méchantes âmes
    Et peindre en couleur le tableau de ta vie

Je voudrais le pouvoir d'une fée
    Pour te reconstruire une enfance d'amour
    Dans les odeurs de fruits mûrs et de sucre
    T'installer sur la place vide près de moi
    Pour combler mon besoin d'amis visibles

Je voudrais le pouvoir d'une fée
    Pour une commune enfance à la récréation
    Nos doigts apprenant à dessiner
    Des trains et des vallées qui défilent
    Et nos têtes penchées sur des devoirs d'histoires

Je voudrais le pouvoir d'une fée
    Pour participer à tes combats
    Joindre mes mains aux tiennes
    Et fabriquer des bonhommes en bois
    Bien plus forts que les poings humains

Je voudrais le pouvoir d'une fée
    Pour poser une pierre dans ta maison
    Voir naître tes enfants
    Retenir tes amours
    Et t'offrir la chaleur de l'âtre Divin

Je voudrais le pouvoir d'une fée
    Pour ôter la maladie de ton père
    Lui remettre ses vêtements de fêtes
    Vous suivre dans les bois
    Et le regarder t'aimer tendrement

Je voudrais le pouvoir d'une fée
    Pour t'offrir mes voyages
    Alléger tes valises
    Te parler de ces contrées où vont nos trains
    Et lire dans tes silences que tu as trouvé le chemin de ton cœur

Douleur !

Douleurs !
    Je ne suis que questions
    Je me consume de l'intérieur
    Ma culpabilité trouve son nid dans mes sens émoussés
    Et ma foi en l'avenir s'envole dans l'à venir
    L'insondable lendemain
    Qui t'invite dans mes parvis ?
    Loin de toi sera ma piété

Douleurs !
    Je me détache de toi
    Libérée des sueurs qui perlent sur mon front
    Mon âme à tes yeux n'est que loque
    Debout sur mes chairs amputées
    Il n'y a plus rien à conquérir
    Loin de mes ombres
    Mon esprit est au-delà de ta portée

Douleurs !
    Ton serrement est désormais mien
    Et ta présence apprivoisée
    Ta voie est mon bruissement d'ailes
    Tes épines les racines de ma rose
    Tu ne règnes plus sur mon cœur
    Mes vides sont comblés
    Car ma joie est offrande divine

Qui

Qui pose une âme sur la crête au bord du précipice
Alors que le temple goûte la joie d'un nouveau jour
Et que l'esprit fait corps avec la lumière naissante de l'astre roi

Qui maintient l'amertume d'une âme en fer
Alors que le vent oriente l'eau sur nos terres
Et que l'esprit pousse sous la pluie et le soleil

Qui commande au souffle une chute certaine
Alors que des plaies sont cicatricielles
Et que l'esprit ne rêve que de fusion avec le commencement

Qui se joue de nos addictions aux lents demains
Alors que le présent est resplendissant de soleil
Et que l'esprit nous supplie d'accepter ce qui est

Qui construit des cages autour de la foi
Alors que le temps de l'à Dieu se rapproche
Et que l'esprit nous tend la main

Qui porte mieux le poids de nos pierres
Alors que les saisons les allègent
Et que l'esprit aspire au lâcher de lanternes

Qui sait mieux que nous les ravages du silence Divin
Alors qu'il frappe patiemment à nos portes
Et que l'esprit nous invite au partage de Sa richesse

L'instant présent

C'est l'imminence du maintenant
N'être que vie vent
Ici et par Tous lieux
Regarde plus loin que ne portent tes attentions
Inspire l'air de ton espace
Touche le vivant
Entends le bruit de la source
Meurs à ton « pas assez » à l'expiration
Et goutte au plaisir de la natalité façonnée par
Ses mains
Pour n'être qu'une nouvelle pousse dans
Son Amour infiniment grand

Oser m'aimer

    Oser m'aimer encore et toujours
À la croisée des chemins
Quand le temps suit sa route et l'espace se fait d'habitudes
    Oser m'aimer en annulant les distances
Rajoutant de la vie au harassement
Pour conjurer le sort de ne plus nous suffirent
    Oser aimer notre quotidien
Voyage dans les temps lumineux et parfois grisonnants
M'aimer comme au tout début, avec toutes tes émotions
Vestiges attachant de notre tandem,
    Oser m'aimer passionnellement
Et percevoir des frissons et des papillons malgré le temps
Générés par la peur de mon mystère plus présent encore.
    Oser m'aimer avec ma liberté imposée
Fleurissant lorsque je suis insoumise
Capitulations plus qu'acceptations
Amour tendresse pour moi depuis toujours, amour
    passion pour toi dès le début
Dans les joies de mes maladresses
Qui t'agacent et te ravissent
    Oser aimer mes retenues et mes pudeurs
Que livrent les saveurs de mes sens.
    Oser m'aimer toujours plus fort,
Au gré des contrecoups de mes balancements

Et toi, généreux jusqu'au bout de nous,
Malgré les allures agitées par mes traditions
Avec tes blessures liées à mes errances plus
    nombreuses encore,
M'aimer pour demeurer dans le bonheur de nos souvenirs
Avec mes failles et sans tes jugements.
    Oser m'aimer pour me révéler à nous
Annulant le temps et les espérances
Satisfait de mes rires
Triste de mes pleurs
Ton cœur tambourinant au présent
Acceptant mes quais sans destinations
    Oser m'aimer afin que je sois meilleure
Valorisée dans tes yeux pour mon enchantement
Pouvoir me comprendre juste par mes expressions
Afin de prévenir mes moindres déroutes
    Oser aimer tout de moi, les biens et les maux
    Oser m'aimer en apprenant des leçons imposées
Extrême acceptation de tes capacités
    Oser m'aimer pour de bon, envers et contre tout
Les couleurs de mon Amour
Ma sensibilité à fleur de peau
    Oser aimer mon passé mieux que moi
Fait de tes larmes et de tes déchirements
    Oser m'aimer telle que je suis
Moi et seulement moi, Amour absolu au-delà de
    mes travers

M'aimer plus que toi, m'aimer au-delà de toi, m'aimer
   bien mieux que moi
   Oser m'aimer aujourd'hui, demain et à l'infini

Made in the USA
Middletown, DE
19 September 2023